yukismart.com/b/65aa76
AF364363
1
2

kat

кішка

kishka

hond

собака

sobaka

vis

риба

ryba

vogel

пташка

ptashka

kip

курка

kurka

haan

півень

piven

kuiken

курча

kurcha

ei

яйце

iaitse

koe

корова

korova

schaap

вівця

vivtsia

varken

свиня

svynia

geit

коза

koza

paard

кінь

kin

ezel

віслюк

visliuk

muis

миша

mysha

konijn

кролик

krolyk

kalkoen

індик

indyk

gans

гусак

husak

pauw

павич

pavych

eend

качка

kachka

eendje

каченя

kachenia

zwaan

лебідь

lebid

libel

бабка

babka

vlieg

муха

mukha

mier

мураха

murakha

miereneter

мурахоїд

murakhoid

lieveheersbeestje

божа корівка

bozha korivka

aardworm

дощовий черв'як

doshchovyi cherv'iak

naaktslak

слимак

slymak

rups

гусениця

husenytsia

slak

равлик

ravlyk

vlinder

метелик

metelyk

sprinkhaan

коник

konyk

bij

бджола

bdzhola

honing

мед

med

spin

павук

pavuk

gras

трава

trava

kever

жук

zhuk

mug

комар

komar

schorpioen

скорпіон

skorpion

hagedis

ящірка

iashchirka

schildpad

черепаха

cherepakha

krab

краб

krab

garnaal

креветка

krevetka

kreeft

омар

omar

walvis

кит

kyt

haai

акула

akula

pijlstaartrog

скат

skat

dolfijn

дельфін

delfin

zee-egel

морський їжак

morskyi izhak

kwal

медуза

meduza

inktvis

кальмар

kalmar

zeester

морська зірка

morska zirka

zeemeeuw

чайка

chaika

zee

море

more

pelikaan

пелікан

pelikan

aalscholver

баклан

baklan

schelpen

мушлі

mushli

zand

пісок

pisok

olifant

слон

slon

zebra

зебра

zebra

giraffe

жираф

zhyraf

slang

змія

zmiia

krokodil

крокодил

krokodyl

leeuw

лев

lev

tijger

тигр

tyhr

nijlpaard

бегемот

behemot

neushoorn

носоріг

nosorih

jachtluipaard

гепард

hepard

kameel

верблюд

verbliud

antilope

антилопа

antylopa

flamingo

фламінго

flaminho

struisvogel

страус

straus

ooievaar

лелека

leleka

papegaai

папуга

papuha

gorilla

горила

horyla

aap

мавпа

mavpa

koala

коала

koala

panda

панда

panda

kangoeroe

кенгуру

kenhuru

egel

їжачок

izhachok

eekhoorn

білка

bilka

wolf

вовк

vovk

vos

лисиця

lysytsia

wasbeer

єнот

ienot

beer

ведмідь

vedmid

hert

олень

olen

adelaar

орел

orel

vleermuis

летюча миша

letiucha mysha

zwijn

кабан

kaban

kraai

ворона

vorona

uil

сова

sova

specht

дятел

diatel

bunzing

тхір

tkhir

mol

кріт

krit

bever

бобер

bober

ijsbeer

білий ведмідь

bilyi vedmid

sneeuw

сніг

snih

pinguïn

пінгвін

pinhvin

sneeuwuil

біла сова

bila sova

bos

ліс

lis

berg

гора

hora

narwal

нарвал

narval

orka

косатка

kosatka

walrus

морж

morzh

zeehond

тюлень

tiulen

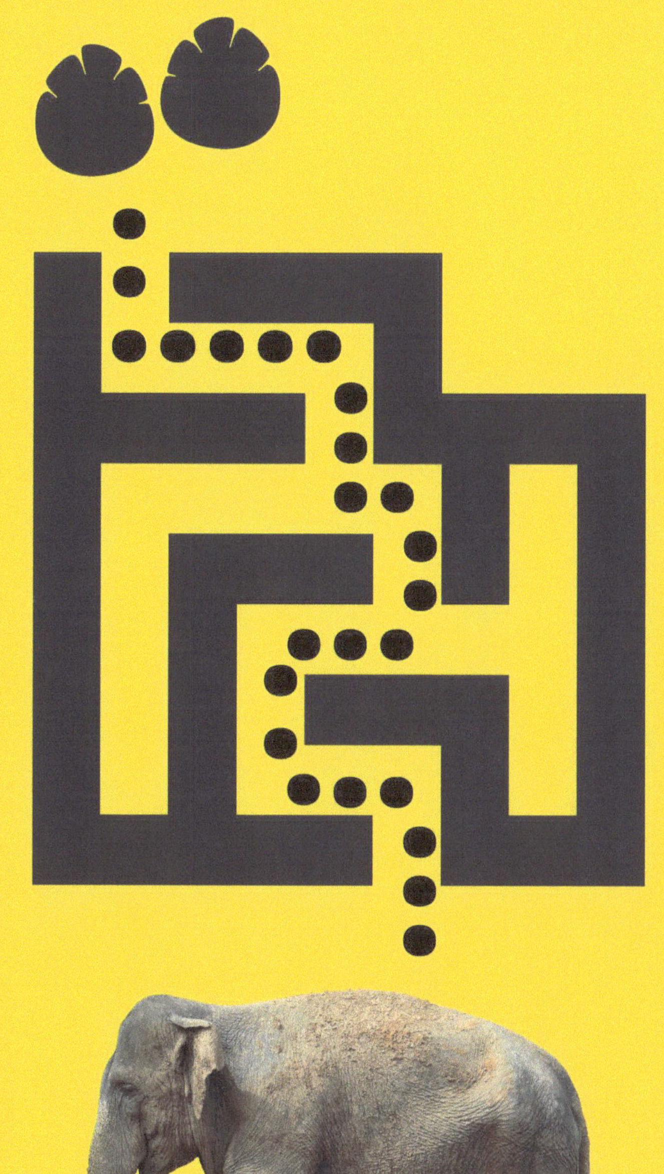

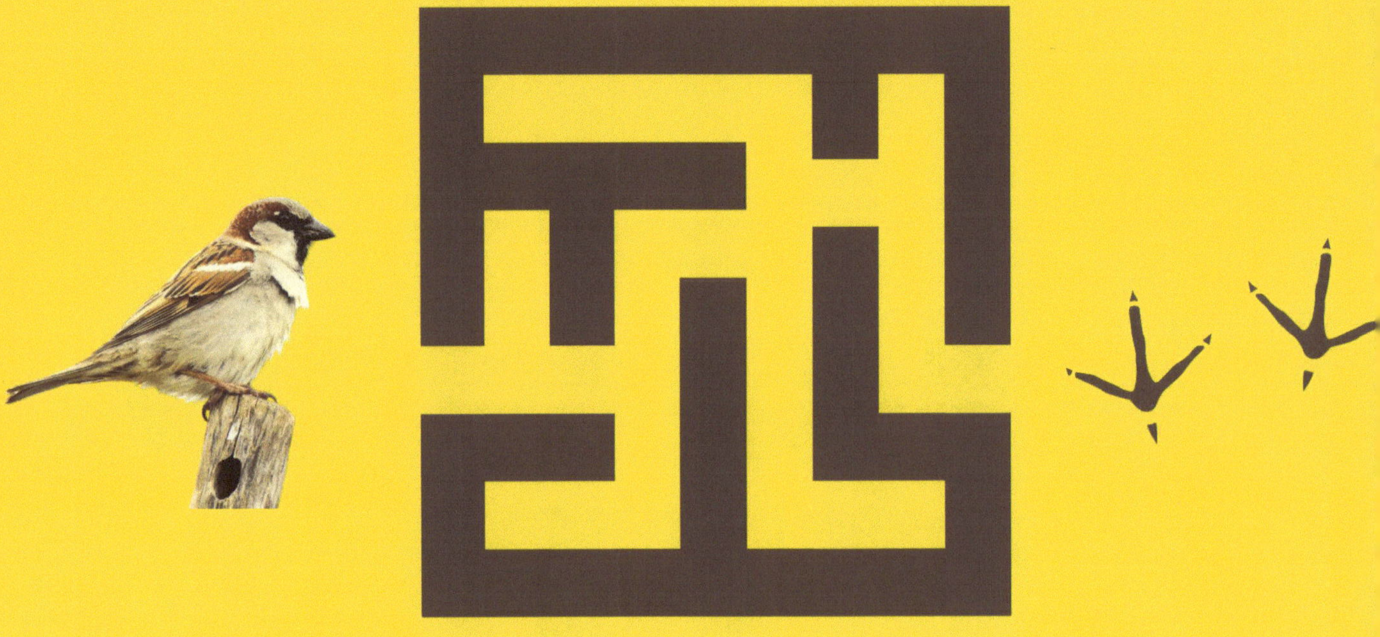